横濱モボ・モガを探せ！

横濱 モボ・モガを探せ！

目次

横濱モボ・モガを探せ!プロジェクトとは?	04
父子(おやこ)のハーバーライト　石川 清	23
父とゴルフ　平戸健市	52
"もの静か"で"ロマンチスト"な「モボ」の思い出。須藤やよひ	53
1929年モボ・モガを探せ!によせて　吉田美代子	61
七五三祝の七歳の晴着が洋服に　萩原靜枝	71
ツェッペリン号を見上げるモボ・モガたち	79
横濱モボ・モガを探せ!　クロニクル	80
開港5都市モボ・モガを探せ!	92

扉：横浜港(大さん橋)にて 父の友人｜1940年代｜石川 清
2P：伊勢佐木町 雨の日清楼｜1920年代｜長谷川亀美夫
3P：伊勢佐木町1丁目｜1930年代｜小川能正

横濱モボ・モガを探せ！プロジェクトとは？

「横濱モボ・モガを探せ！」は1920年代から戦前まで横浜に数多くいたモダンボーイ、モダンガールを探すプロジェクトです。当時の写真を集め、未知の写真を手がかりに今現在の横浜を形成している人と街と出会い、新しいネットワークを築いていこうというものです。このプロジェクトは、2004年10月26日〜11月10日にBankART1929で開催された写真展「横濱写真館」をきっかけに動きだしました。BankART1929の事業に関わってきた方々や近隣の商店街にチラシを配り、よびかけ、写真を収集しました。その後もプロジェクトを継続し、地域のお年寄りやその曾孫さんにあたる方々まで、人づてにお会いし、お話を伺いながら進めて行き、2006年3月にプロジェクトの集大成となる写真展を横浜みなとみらい線馬車道駅構内で開催しました。

この度、もう一つの集大成としてプロジェクトの本を出版し、より多くの方にご覧いただくとともに、未来への架け橋になればと考えています。

これまで写真提供はもとより、様々なかたちでご協力いただいた市民の方々にこの場をかりて感謝いたします。

「横濱モボ・モガを探せ！」プロジェクトチーム一同

尾上町付近の交差点 夜の街路　│ 1920年代 │ 横浜ビル理容店（下館啓介）　遠峰一夫撮影

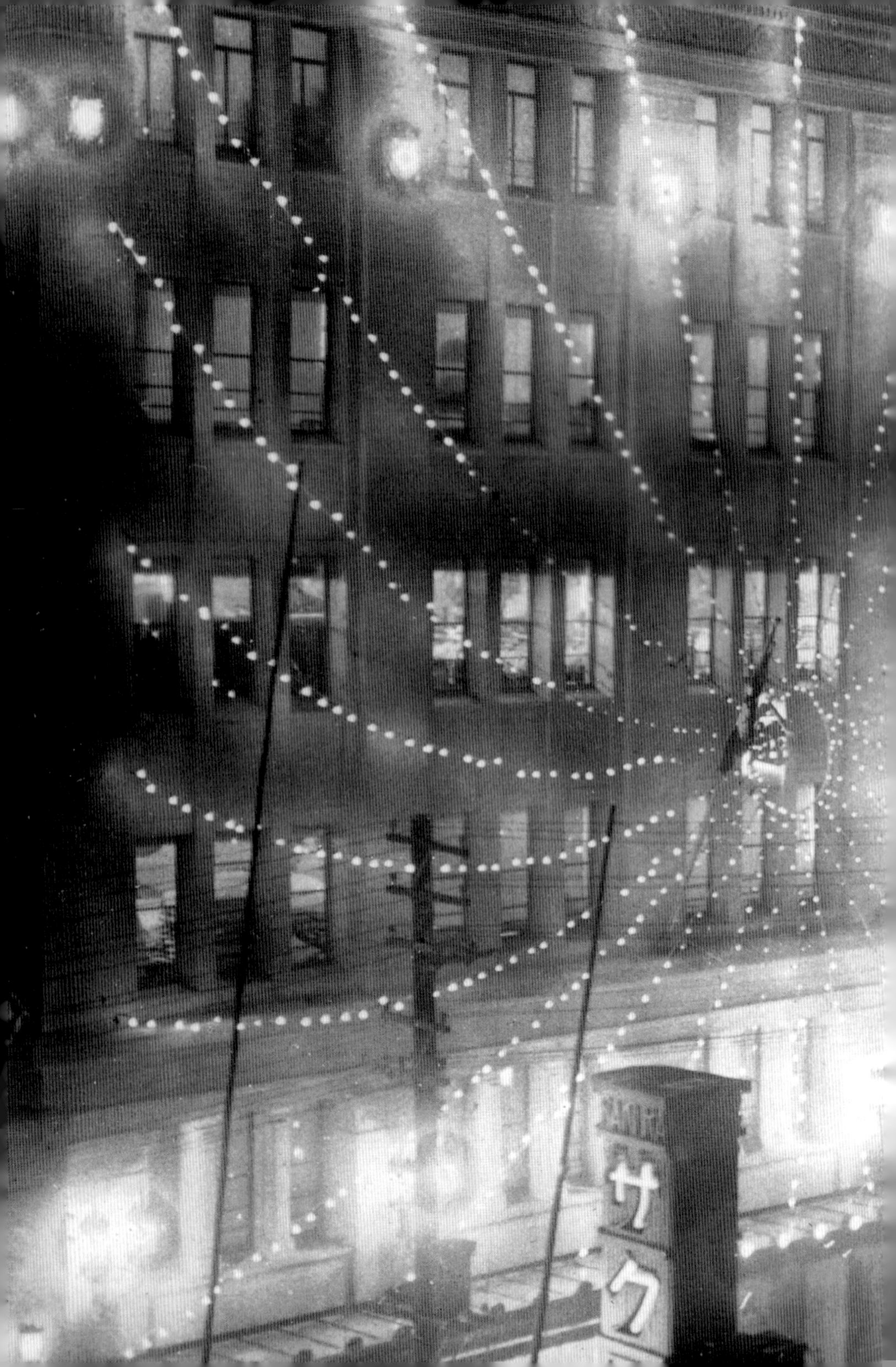
サ
ク

野澤屋(現松坂屋)イルミネーション 伊勢佐木町1丁目 │ 1931年 │ 長谷川亀美

GRAF ZEPPELIN

WAKAO BUILDING

1970年頃 | 北村京子

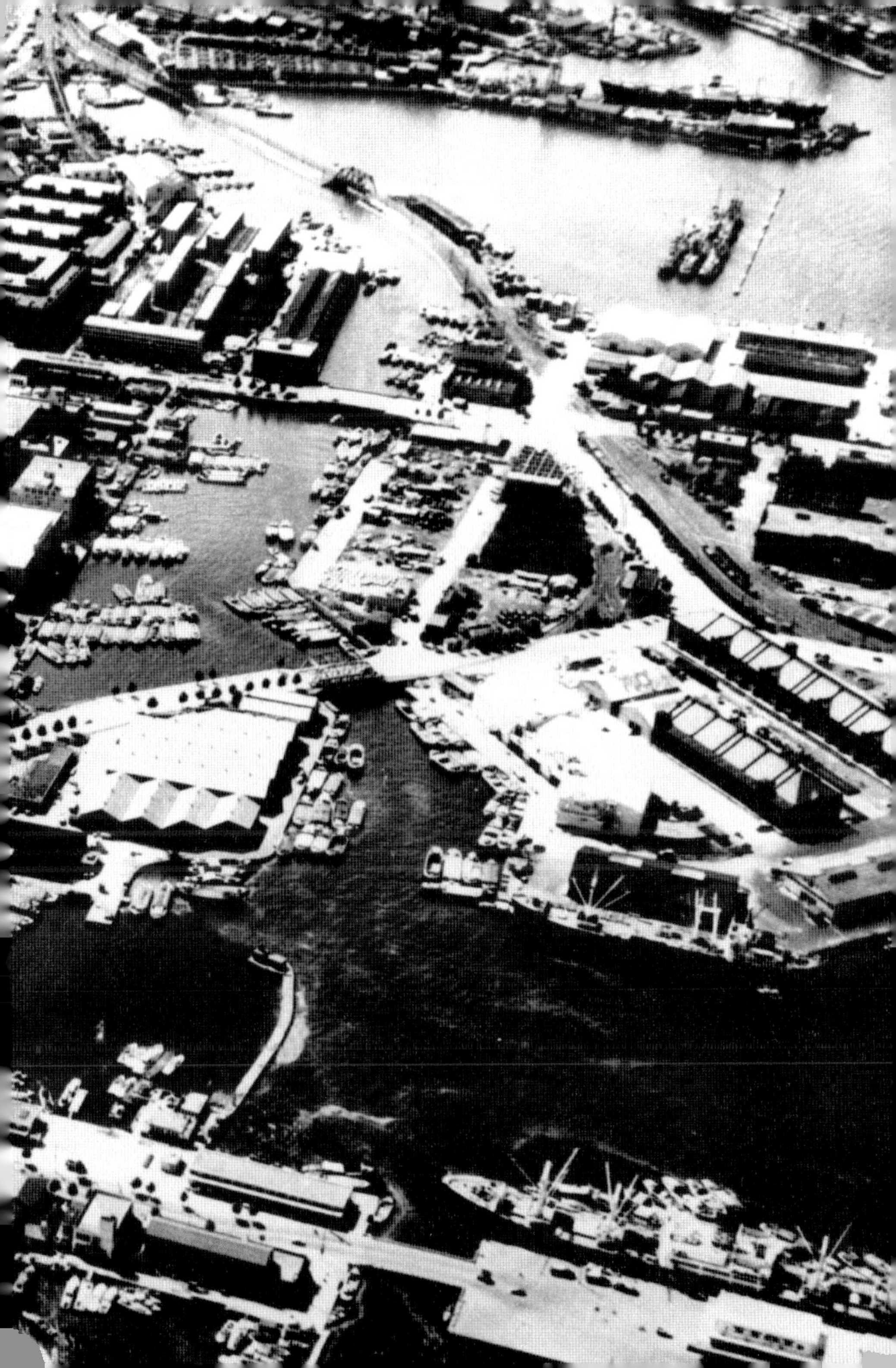

万国橋 大さん橋付近船着き場｜1920年代｜横浜ビル理容店（下館啓介）遠峰一夫撮影

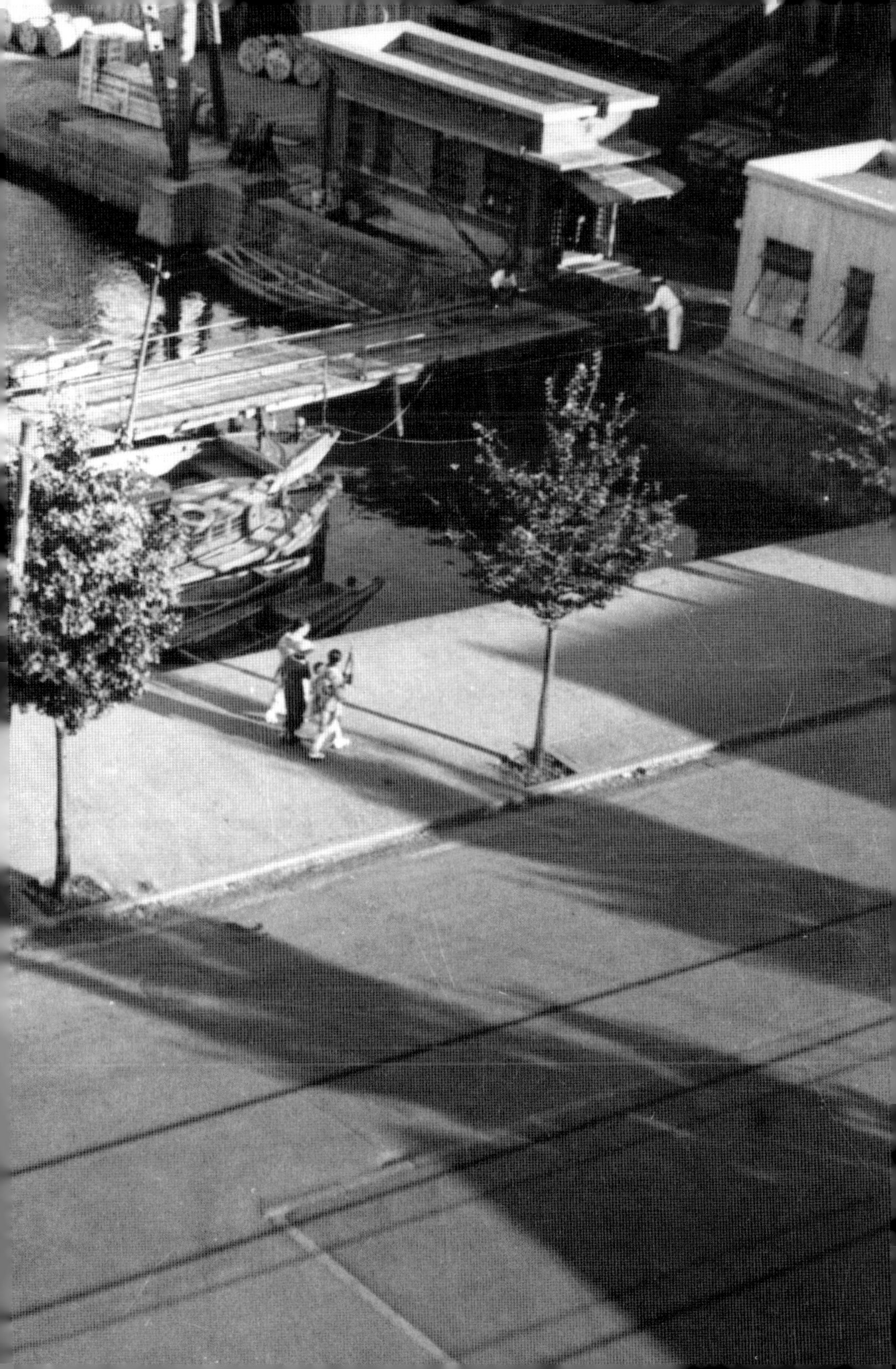

象の鼻と船とクレーン｜1930年代｜長谷川亀美夫

大さん橋 船｜不明｜長谷川亀美夫

大さん橋 船｜不明｜長谷川亀美夫

大さん橋より｜1940年代｜石川 清

大さん橋より ｜ 1940年代 ｜ 石川 清

横浜港(大さん橋)にて ｜ 1940年代 ｜ 石川 清

3点とも：近江丸船上にて 元町で購入した洋服を着た祖母 ｜ 1940年代 ｜ 渡辺ゆうか

横浜港 米国行きの客船 ｜ 1913年 ｜ 牛島達治

横浜港 渡米する祖母の兄(右から2番目) | 1913年 | 牛島達治

本町通りにて 父 ｜ 1935年 ｜ 米田光郷

大さん橋 父と客船 ｜ 1937年 ｜ 長谷川亀美夫

横浜港にて ｜ 不明 ｜ 小澤亮一

大さん橋にて 姉 | 1950年頃 | 石川 清

横浜港(大さん橋)にて | 1940年頃 | 石川 清

父子のハーバーライト

石川 清

　この写真は、父が横浜高商(現在の横浜国大)の写真部だった1940年頃に撮った写真でしょう。浜っこの父は子供の頃より遊び場は港付近で、カニを捕ったりしていたそうです。

　戦後間もなく港界隈は米軍に進駐され、山下公園などにも米軍のテント村や軍用車が連なり、時折米兵の行進する姿が開港当初の居留地を思わせる様相であったと、仲間のジャズドラマーのYuJI蜂屋(南里文雄&ホットペッパーズ)さんから伺っております。

　私が小学生の頃には、父に連れられて家族で伊勢ブラして馬車道で食事の後は大桟橋方面へ向かうのです。当時はジーアイ相手のスーベニアショップやNO TAXの看板が目立ち、外国に来たのかと思う景観でした。当時の風俗を描写した、私の写真の師である奥村泰宏氏の写真集「戦後50年横浜再現」がございます。師匠と父は当時から写友であり、私は父の影響で五歳からカメラを手にして今日にいたります。ですから私の横浜観は父達のモノと同じで、今では感じられない横浜が見えるのです。

　開港150周年を契機に横浜を「チャンスあふれるまち」とし、象の鼻地区の再整備がなされ文化芸術創造発信空間となるようです。私はジャズ発祥の横浜で戦後から活躍していたドラマーの蜂屋さんを中心にCrossing Hearts(心のふれあい)活動を致しており、偶然であろうかジャズ活動の中心は大桟橋入口に位置する波止場会館1階のシーサイドラウンジSaLaなのです。父が大好きだったハーバーライトの中で、二世の私も素敵なアーティストに囲まれて写真道に生きております。

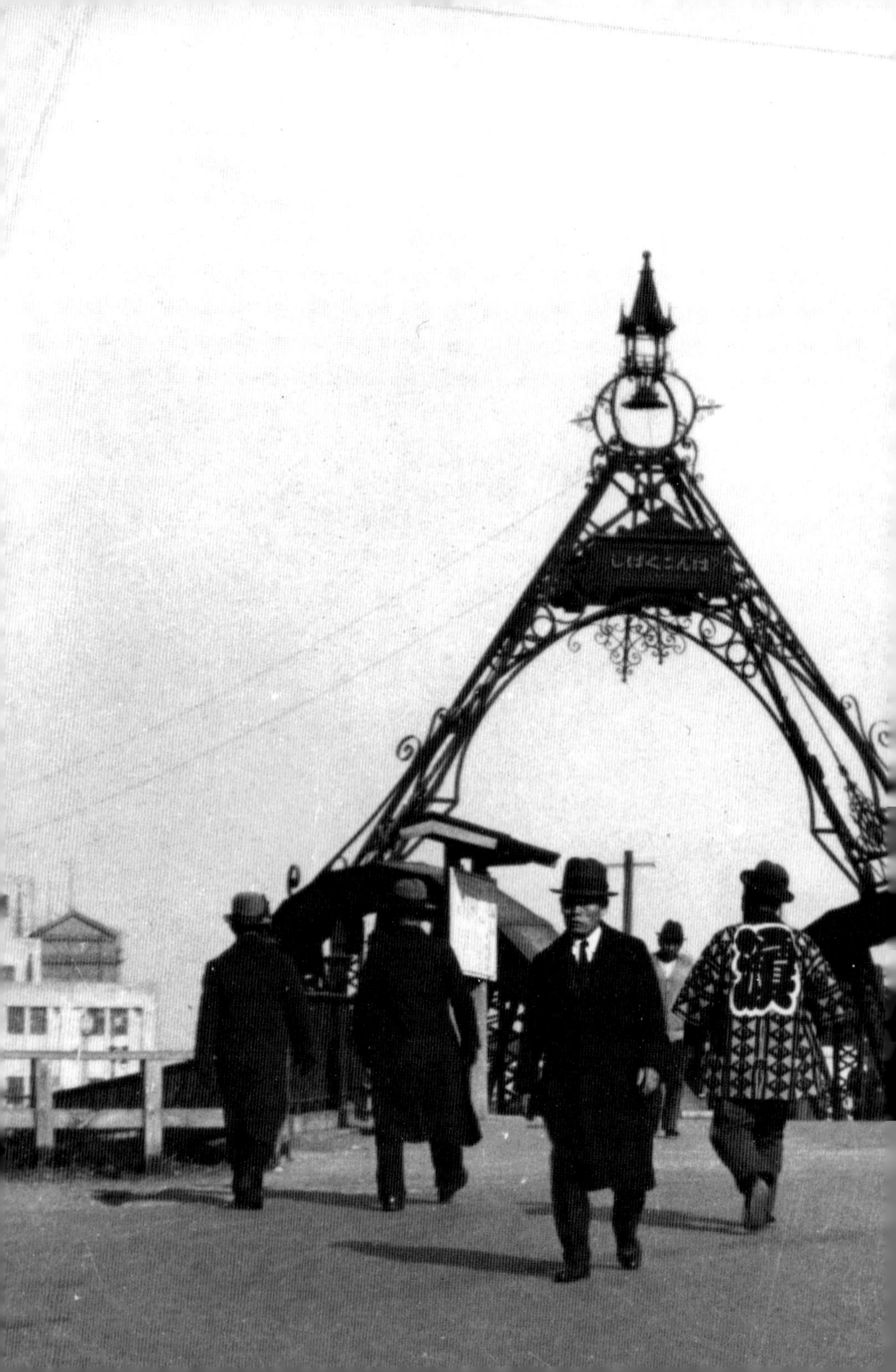

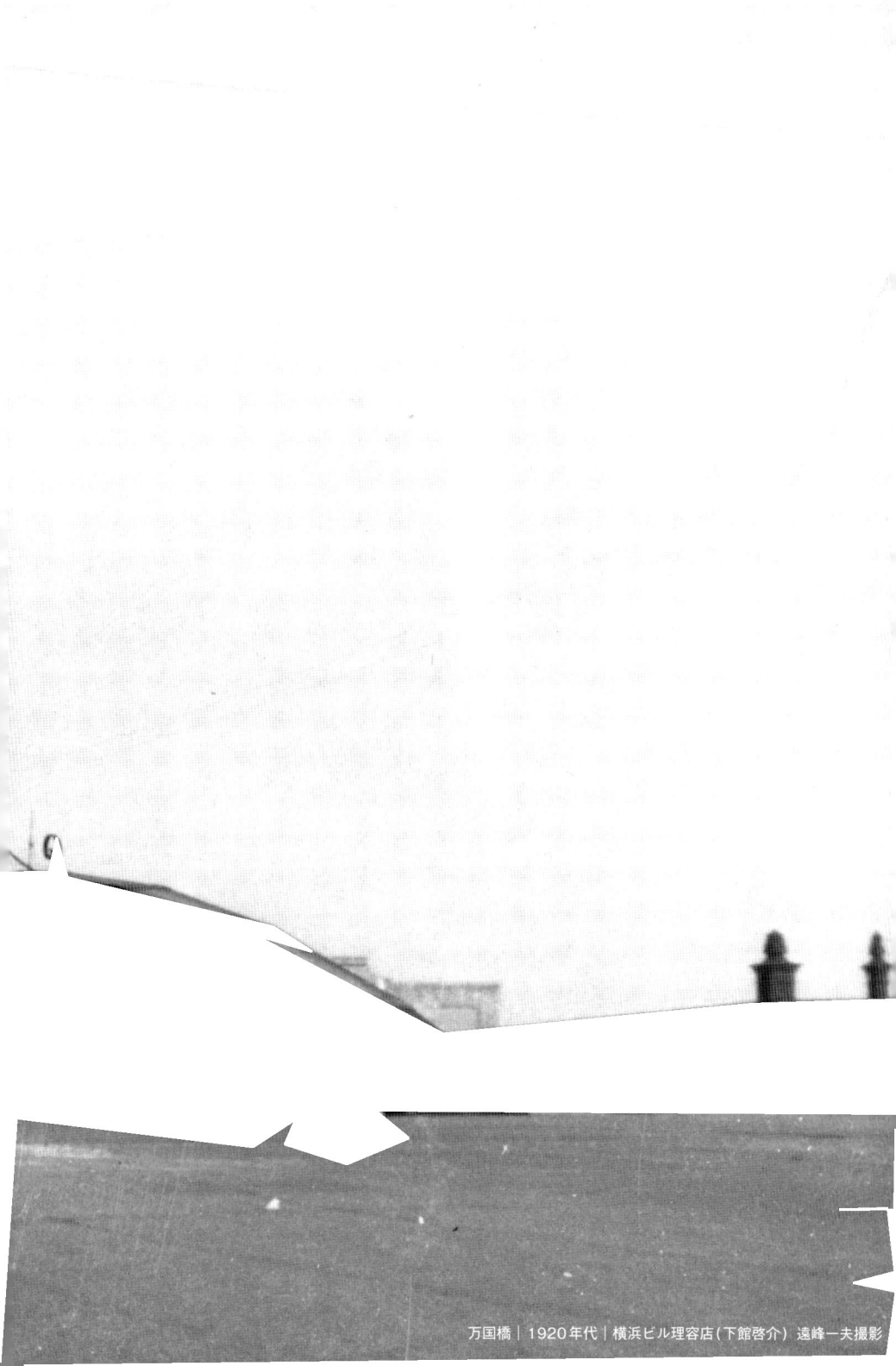

万国橋｜1920年代｜横浜ビル理容店（下館啓介）遠峰一夫撮影

吉田橋付近より野毛方面を望む ｜ 1930年代 ｜ 長谷川亀美夫

伊勢佐木町 上空より ｜ 不明 ｜ 長谷川亀美夫

伊勢佐木町警察署 | 1940年 | 長谷川亀美夫

本牧2丁目 | 1965年4月22日 | 大谷卓雄　天野洋一撮影

伊勢佐木通りを見下ろす | 1931年 | 長谷川亀美夫

伊勢佐木町１丁目 野澤屋（現松坂屋）方面 ｜ 1930年代 ｜ 長谷川亀美夫

伊勢佐木通り 若林洋食器店前 ｜ 不明 ｜ 長谷川亀美夫

伊勢佐木通り開港記念パレード ｜ 1930年代 ｜ 長谷川亀美夫

イセビル前吉田橋付近 | 1930年代 | 松村里枝

紀元2600年奉祝 豊国橋付近にて | 1940年11月10日 | 長谷川亀美夫

島屋靴店

勝つて兜の
緒を締めよ

伊勢佐木町｜不明｜中村 徹

横濱興信銀行（現横浜銀行）前にて 火消し 伊勢佐木町 | 不明 | 長谷川亀美夫

野澤屋（現松坂屋）│ 1927年│横浜松坂屋

蒲田の梅屋敷にある東京高等洋裁学校 母の卒業制作｜1935年｜三堀綾子

高野クリーニング 本牧｜不明
｜高野つる

文明堂 伊勢佐木通り｜1910年代
｜平川兼寛

じゃのめや店正面 伊勢佐木町
｜1920年代｜じゃのめや

馬車道 平安堂薬局 ウィンドウ完成｜大正時代｜平安堂薬局（清水良夫）

震災後の平安堂薬局

小笠原酒店｜不明｜松村里枝

元町 代官坂にあったころの高橋書店｜1921年｜鈴木ハマ子

富士銀行 | 1929年 | 横浜市

旧第一銀行 | 1929年 | 横浜市

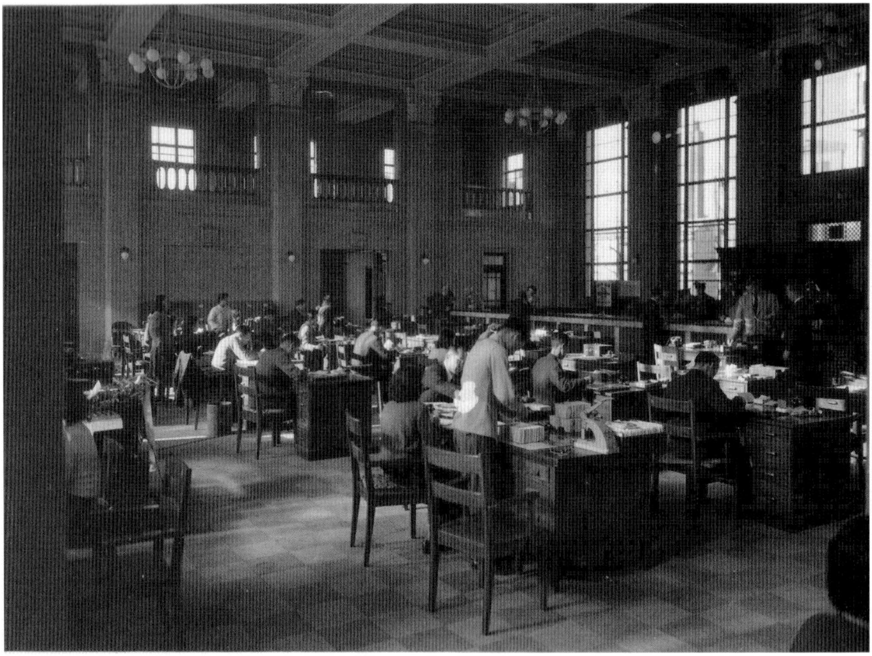

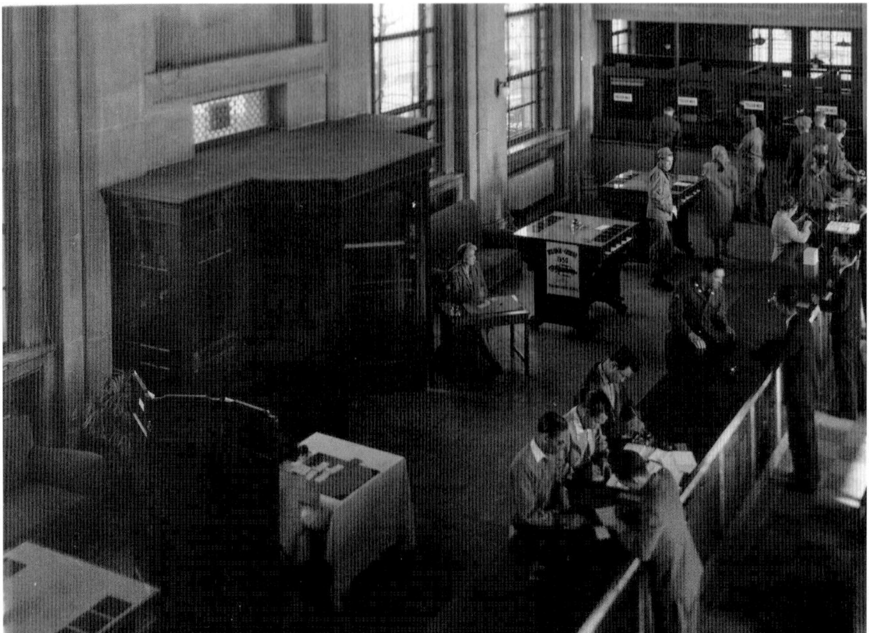

3点とも:ナショナル・シティバンク 店内 山下町 ｜不明｜須藤やよひ

父(中央) 海水浴 | 1935年 | 長谷川亀美夫

不明｜不明｜高橋光江

ホテル・ニューグランドの前にて｜1930年代｜松村里枝（撮影父）

43

海外航路の客船上で 夫（右から2番目）｜1920年代｜高橋光江

横浜YMCAにて 夫（後列左から2番目）｜1953年｜助野桂子

不明 | 不明 | 平安堂薬局（清水良夫）

父 横濱市立商業高校教師 | 1921年 | 平戸健市

a. 父｜1920年代｜長谷川亀美夫
c. 郵便局内局長｜1938年｜横浜桜木郵便局
e. 父｜1920年代｜長谷川亀美夫

b. 父の友人と車｜1930年代｜松村里枝
d. 寿町で早川写真館を経営していた父｜1929年｜須藤やよひ
f. 友人｜不明｜石山 朔

a

b

c

d   e   f

a. 祖父 三渓園にて｜不明｜藤原治郎
c. 祖母の兄｜不明｜牛島達治
e. 祖父｜1935年｜佐々木麻子

b. 不明｜不明｜牛島達治
d. 夫 海外航路の客船上で｜1920年代｜高橋光江
f. 父｜不明｜松村里枝

祖父（横濱高等工業学校在籍中）写真館にて ｜ 1932年 ｜ 渡辺ゆうか

a. 祖父の兄弟｜1920年代｜山本剛士
b. 私立中学関東学院初代院長 坂田 祐｜1930年代｜川口良一
c. 祖父｜1930年代頃｜藤原治郎
d. 不明｜不明｜松村里枝
e. 曾祖父｜1900年代｜石川綾乃
f. 祖父｜1934年｜佐々木麻子
g. 車会社社長｜1930年代｜松村里枝
h. 斎藤 実（斎藤薬局）｜1910年｜平安堂薬局（清水良夫）
i. 本人｜1940年代｜石山 朔
j. 不明｜1920年代｜永松勝栄
k. 不明｜大正時代｜小澤亮一
l. 明治時代の医者｜明治時代｜嶋田昌子
m. 不明｜不明｜小澤亮一
n. 不明｜1926年｜小川能正
o. 本人｜1940年｜安藤 廣　安藤不二夫撮影
p. 貿易商をしていた義父｜1900年代｜塩崎 琴

祖父(中央) | 1920年代 | 藤原治郎

父 | 不明 | 小川能正

父とゴルフ
平戸健市

　私の父、平戸住藏は、横浜市立商業学校(Y校)で1906年頃から1921年頃まで約15年間、英語の教師をしておりました。当時英語を教えたり話したりする事は、今の時代と違って大変なことだったと想像します。教員生活後、家業である建設業を継いだ1930年(昭和五年)程ヶ谷カントリー倶楽部(H.C.C)に入会しました。戦後一時、米軍に接収されましたが、解除後は戦前同様に、家族的な倶楽部に戻り、家も近かったので夕方になると父は、子供達と倶楽部に食事をしに行ったのを憶えております。また、倶楽部ハウスから18ホール全景見えるのがH.C.Cの特徴でした。

父 程ヶ谷カントリークラブにて | 1931年 | 平戸健市

祖父(右上)と兄弟 | 1920年代 | 山本剛士

祖母の兄(1番上) | 不明 | 牛島達治

"もの静か"で"ロマンチスト"な「モボ」の思い出。　須藤やよひ

「横濱モボ・モガを探せ!」。この企画を新聞で知った私に、あのセピア色した父の写真が… 明治生まれの「モボ」が思い浮かびました。若い頃は、YMCAで英語を習い、マンドリンを弾き、タップダンスを楽しんだと聞いています。寿町にあった叔父の写真館で修行して、家庭を持った後は、磯子で、憧れていた自分の写真館を開業しました。

やっと軌道に乗り生活も安定してきた頃、戦災に遭い全てを失いました。生後1年で肺炎にかかり亡くなった長男・長女の位牌を抱いて、妻と4才だった私の兄の手をひき、着のみ着のまま、焼け跡を歩き続けました。父の実家のある杉田に辿りついた後、苦難の末に、現在もある「ふかの写真スタジオ」を開業しました。貧しさの中、「おしゃれ」には全く縁がなくなってしまったそうです。この写真は、父の良き時代の一枚です。二人の子供と、明るく優しかった私の母を心から愛した"もの静か"で"ロマンチスト"の「モボ」の、大好きな父の思い出の写真です。

父 | 1930年代 | 須藤やよひ

母 | 1930年代 | 平戸健市

a. 海水浴｜1935年｜長谷川亀美夫
b. 本人 野間にて｜1951年｜吉田美代子
c. 祖母の姉 磯子にて｜1920年代｜山本剛士

本人 埠頭 | 1953年 | 助野桂子

大佛次郎の奥様 野尻酉子 | 1930年代 | 大佛次郎記念館

本人 | 1930年代 | 槇 美代

不明 | 不明 | 川崎景章

不明｜不明｜高橋光江

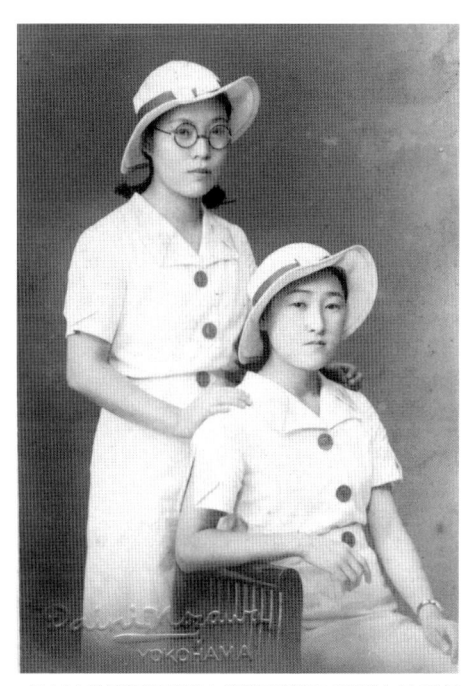

母（右）洋裁学校同級生と野澤写真館にて撮影｜1935年｜三堀綾子

女性と「亀楽」うちわ｜1930年代｜長谷川亀美夫

母 店の前｜不明｜梅香亭(棚橋桂太郎)

野澤屋屋上にて | 1930年代 | やきそば磯村屋

野澤店内にて | 1930年代 | やきそば磯村屋

不明 | 1940年代 | 池田 潤

友人｜不明｜石山 朔

バスガイド｜1920年代｜やきそば磯村屋

本人(右) 野間にて | 1951年 | 吉田美代子

1929年モボ・モガを探せ！によせて
吉田美代子

　驚きましたね。今は昔、私の水着姿の写真がポスターのデザインに使われて、ピラミッドの真上に立っているなんて〜恥ずかしいやら懐かしいやら。古い日記ではなく古いアルバムを今更眺めては娘盛りの？あの頃をチョット、チョットと思い出させて頂きました。友人達と海水浴のとき、オーイ記念写真撮りますよーの声に海水滴る女？が慌てて飛び込んだ時のことでしょう。水もしたたる女ではくて残念でしたね。金太郎の腹かけの様なそして背中が大きくカットされた水着で、当時はそこそこにモダン流行の先端だったかも？母には少しにらまれましたが。

　ちなみに我家の門限は21時でしたから、戦中戦後のわが青春は厳しいものでした。戦後、靴下と女が強くなったとか。今のように物があふれ、飽食の時代ではなかったようです。でも私は絹の靴下にあこがれて… 2,000円。街ではダンス教室が少し出来始めたようで、ワルツ、ジルバ、タンゴなどの興味がなかったわけではなかったのですが、陸士で堅物の彼は好まず…。親にも内緒でダンス靴オーダーしたのに残念でした。わが青春に悔いなしとは云えませんね。

　年は数えない事にしておりますが、気がつくともう78歳。乗馬とスキーがしたかったけれど、今は娘盛りの夢を見るばかり。夢を追いつつ現実にさいなまれる時代でした。まだ車の運転は好きで無事故、無違反、現役です。

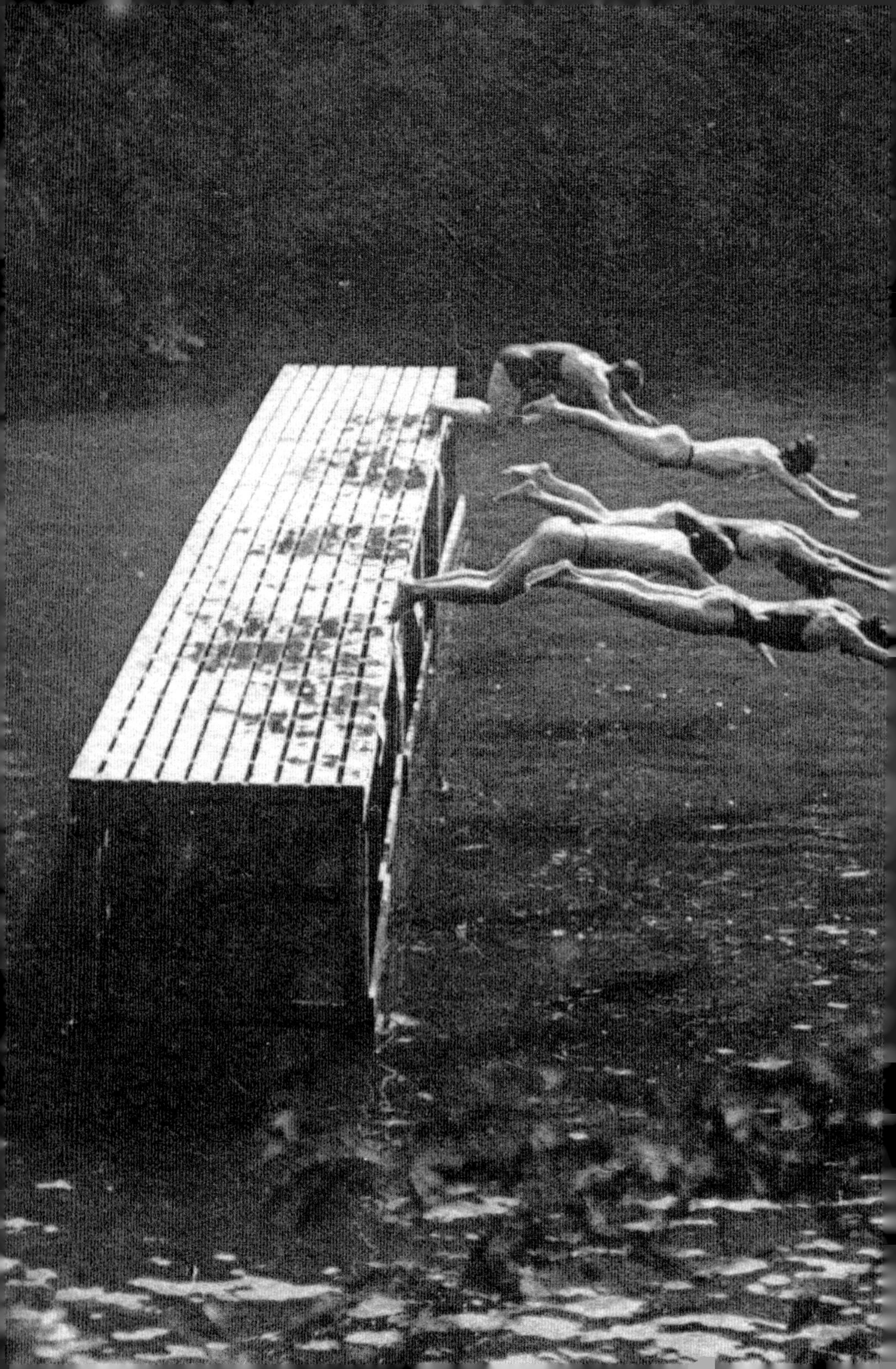

不明｜不明｜小川能正

父と星印車 | 1920年代 | 長谷川亀美夫

野澤屋送迎バスとバスガール｜1928年｜横浜松坂屋

不明｜1930年代｜松村里枝

友人と車 伊勢佐木町｜1940年代｜菊秀刃物店（井上和夫）

母｜1930年代前半｜嶋田昌子

横浜港｜不明｜松村里枝

関内の海岸にて｜1933年｜やきそば磯村屋

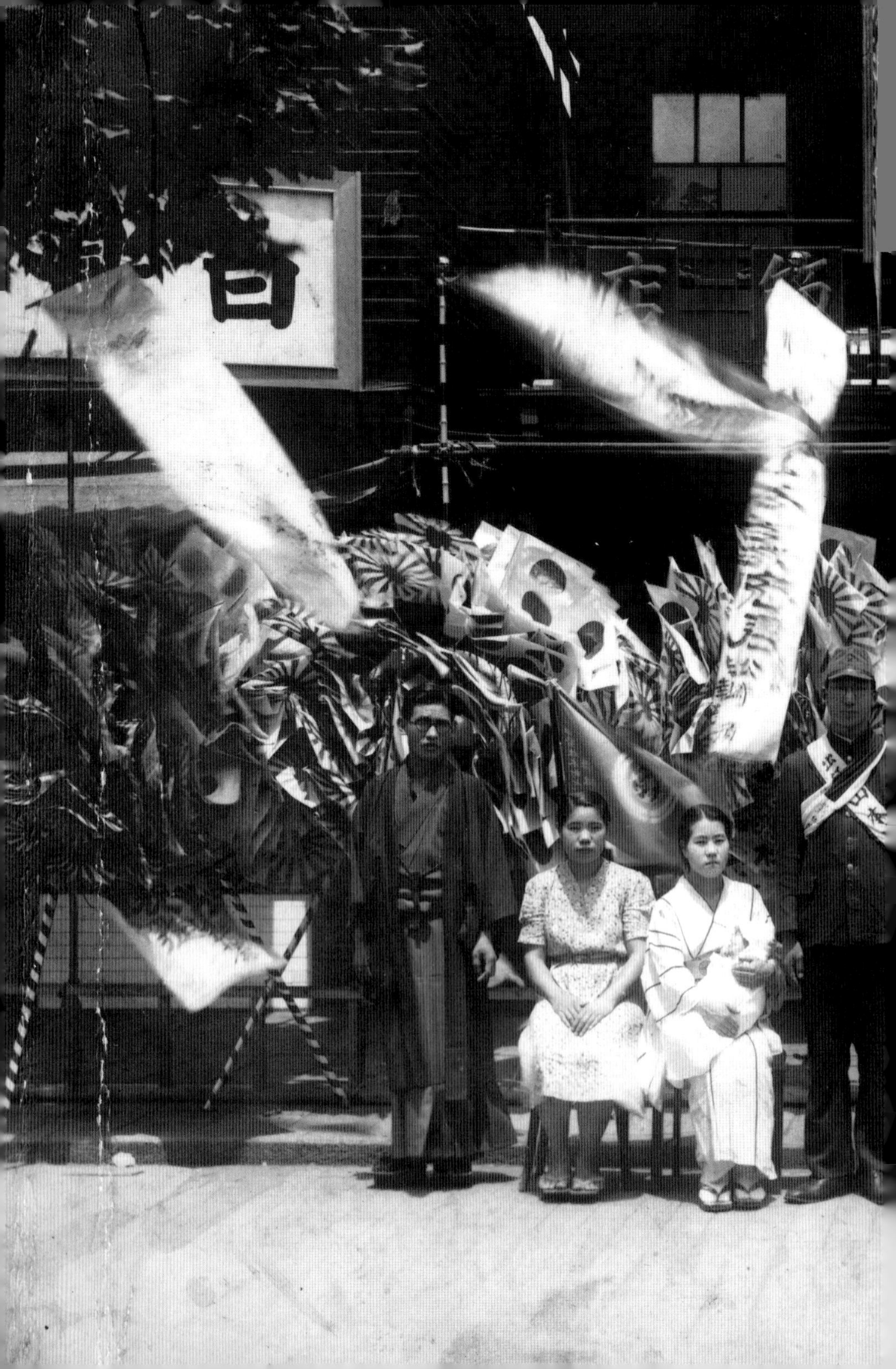

祖父（中央）出征のため親族及び町内会の人たち 伊勢佐木町7丁目 ｜ 1941年 ｜ 山本剛士

祖父の家族 戸部県庁室舎｜1932年｜藤原治郎

祖母(中央) 写真館を開業した両親と｜1934年
｜井波吉太郎

野村洋品店店内｜明治期｜大谷卓雄

父と母｜1930年代｜松村里枝

写真館にて｜不明｜三木雅子

野澤屋メッセンジャーボーイ｜大正時代｜横浜松坂屋

主人が幼少の頃（右）｜1930年代｜塩崎 琴

a

b

c

a. 父とカメラ｜1920年代｜長谷川亀美夫
b. 姉たち｜1930年代前半｜嶋田昌子
c. ソーダ水製造機の広告用の写真 本人（手前）｜1930年代｜木村節子

七五三祝の七歳の晴着が洋服に
萩原靜枝

　昭和七年秋のことと思います。七五三祝の七歳の晴着を思案の結果、洋服に決まりました。当時二十歳位になっていた親類の一人娘で、私がいつもお姉さんと呼んでいた方が、よい洋服を選んでくれるとの事で、母も私が長女であり、洋服はよく分からないので、三人で一緒に伊勢佐木町のデパートで見立てる事になりました。当時は松坂屋と野澤屋のデパートが隣り合っていました。

　帽子はお釜をひっくり返したように庇が深く、流行型の服と革靴に革ハンドバック、それに真珠のネックレス等で、すべて時代の先端の一寸おませな服を新調しました。だまって着せられるままの洋裳は私の生涯にとって一番モダンな服装と思います。写真は戦争で全部焼失しましたが、この写真は親類の家にあって戻してくれたものです。詳細は全然覚えていませんが、多分小学校入学にも着られるようにと、少々大きめの寸法で裾を上げていると思うと、おかしくて、当時を懐かしく思い出す一枚の写真です。

本人 7歳のお宮参り 横浜市南区｜1932年｜萩原靜枝

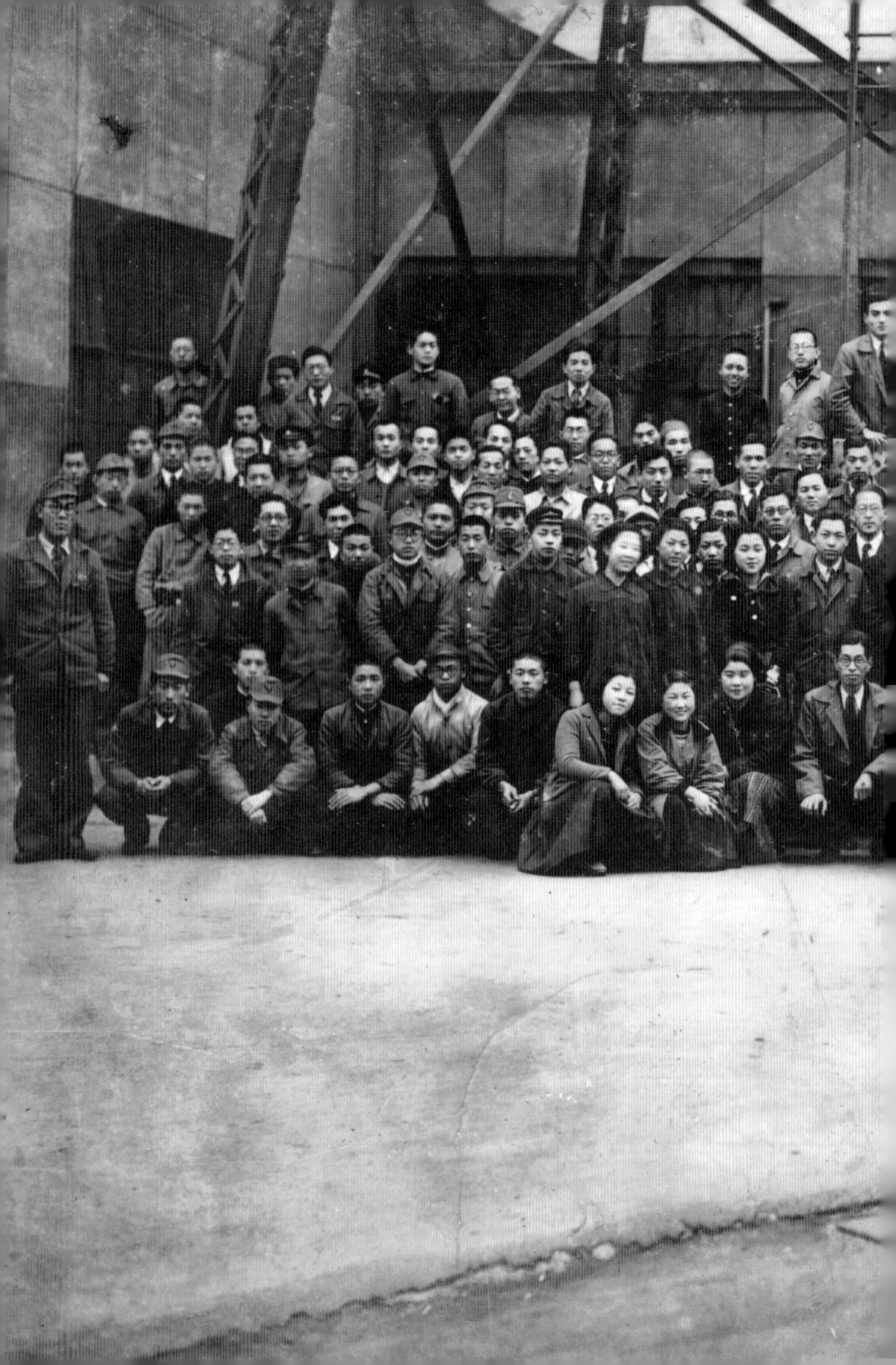

日本ビクター横浜工場 父 ｜ 1930年代 ｜ 小川能正

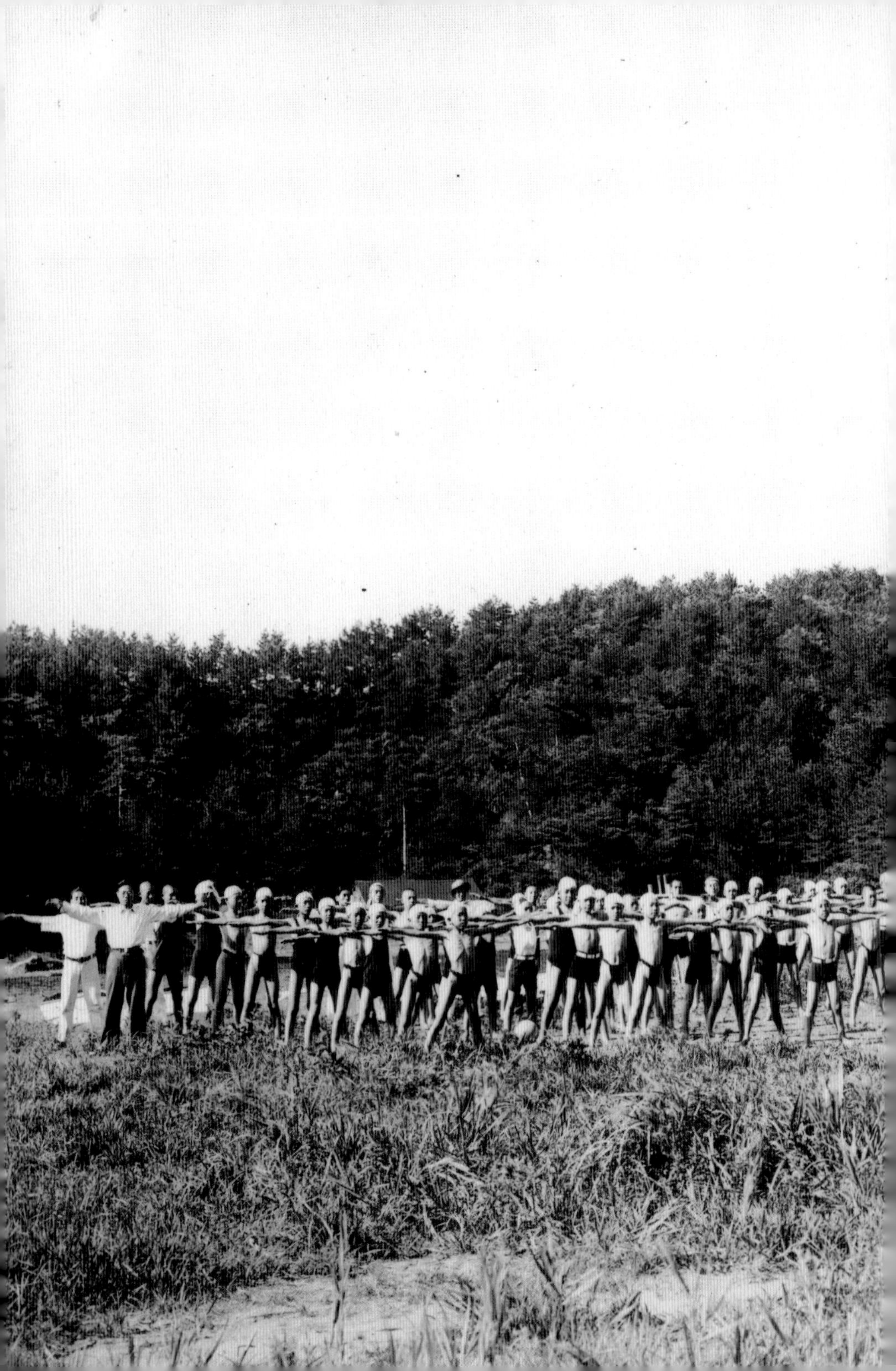

諸磯海岸にて 関東学院の学生たち | 1935年 | 川口良

伊勢佐木町三丁目クラブ会館外観｜1930年代｜前島阿以子

母 和菓子「翁」にて 伊勢佐木町 | 1949年 | 三堀綾子

横濱櫻木郵便局 | 1928年8月19日 | 柄澤詳浩

義父(下段右端) | 1915年頃 | 小林ノゾミ

日本ビクター横浜工場にて 父 | 1930年代 | 小川能正

祖母(上段左から4番目 横濱市城郷尋常高等小学校卒業記念写真) | 1936年 | 石川綾乃

祖父と勤務していた神奈川県庁の人たち | 1930年代 | 藤原治郎

母(2列目右から3人目) 和菓子「翁」室内にて 伊勢佐木町 | 1939年 | 三堀綾子

母(右端) 葉山にて | 1931年 | 三堀綾子

77

ツェッペリン伯号 開港記念会館上空 ｜ 1929年8月19日 ｜ 長谷川亀美夫

ツェッペリン号を見上げるモボ・モガたち

　1929年8月19日17時12分。ドイツの飛行船 GRAF ZEPPELIN「ツェッペリン伯号」は横浜の関内上空を飛んでいました。
　この写真は、中区伊勢佐木町の元和菓子屋「亀楽」の長谷川亀美夫さんに提供していただいた、長谷川さんのお父さんの撮影した写真です。本町通りに今も残るWAKAOビルの屋上では、飛行船を一目見ようと溢れんばかりの人々が上空を見上げているのがわかります。(8-9ページ見開き)当時の人々の興奮が伝わってくるようです。
　「ツェッペリン伯号」は、全長235.5m、最大直径30.5m、530馬力エンジン5機、最大速度117km/h。乗員35名、旅客40名、客室10室の飛行船は、当時世界最大。1929年8月8日ドイツ・レイクハストを出発しシベリア経由、世界一周の途次、8月19日東京・横浜上空を飛行した後、午後7時40分に燃料補給のため、霞ケ浦海軍航空隊の飛行場に着陸。米国に向けて飛び立つまでの4日間に、飛行船を見るために約30万人の観衆が飛行場に集まったとのことです。その後、アラスカ上空を経由して、25日にサンフランシスコ上空を経てロサンゼルスに着陸。その後、ニューヨークへ向かい、8月29日午前7時「ツェッペリン伯号」は世界一周を達成しました。その記録は、総飛行時間288時間11分、飛行距離3万2790km、総期間21日間と5時間31分。

　1929年10月24日木曜日のニューヨーク株式市場の株価大暴落に端を発し、世界恐慌となります。その9日後の11月7日、ニューヨーク近代美術館(MoMA)が開館します。
　横浜では、1929年9月30日、氷川丸が、横浜一号ドックで進水、竣工。横浜公園内に、「横浜公園球場(スタジアム前身)」が完成。また旧第一銀行、旧富士銀行が竣工しました。飛行船の黄金の時代は1937年のニューヨークでのヒンデンブルグ号の事故で終焉します。第二次世界大戦勃発の間近でした。

　この写真を撮影した長谷川さんのお父さんは根っからのカメラ好きであったと聞きました。鏡に映る自分とカメラの写真やいたずらに髭を描き、無理に大人の格好をした写真、今も健在の奥さんとのお見合いのブロマイドなど、とにかくたくさんの写真が残っています。長谷川さんのお父さんは、ひとつのカメラのファインダーを通して、飛行船だけをフレーミングするのではなく、冷静に街や人びとに対してもシャッターを切り続けました。魯山人の生涯の最後の数年を面倒みたという長谷川さんのおじいさん、お父さんについてのお話を聞くと、歴史を感ぜずにはいられません。この飛行船の写真を発掘することができたこと、おじいさんやおばあさんから、モボ・モガの曾孫の世代の方まで、現在のまちを形成する人々の話を聞くことができたこと、それがこのプロジェクトの成果です。

横濱モボモガを探せ！クロニクル
2004.10 - 2006.3

横濱モボ・モガを探せ！

横濱モボ・モガを探せ!プロジェクトPart1
2004月10月26日~11月10日 BankART1929で開催された写真展「横濱写真館」
会場内に展示。写真情報提供ブースを設置。日々更新していった。

横濱モボ・モガを探せ！プロジェクト日記より

1月6日(金)
台湾からのレジデンスアーティスト陳さんのクロージングパーティで、有力な情報をたくさん得た。陳さんが道に迷ったところを助けてくれた女性は、以前に旧第一銀行で勤務していたとのこと。また、市役所の北村さんはおじいさんが日劇の脚本家で、ホテルニューグランドで出筆活動をされていて、当時の写真があるとのこと。いろいろな縁で写真が集まりそうだ。

1月23日(月)
急な呼びかけにも関わらず、第一回「モボ・モガプロジェクト作戦会議」に、9人もの有志が集まってくれた。アートプロジェクト参加の経験豊富な人から、BankARTスクール受講生、ライター、写真家など有望な方々が集まった。説明会後、野毛で交流会を行った。

1月29日(日)
石川清さんの東神奈川のご自宅を訪ねる。石川さんは不動産業を営みながら、写真をとっている。お父様は奥村泰宏(写真家)さんと共に横浜高等商業学校(現:横浜国大)の写真部を創設した人。当時の学生を撮ったガラス版写真を借りる。お父様の話をたくさん聞く。このプロジェクトは私たちの年代とおじいちゃんの年代の間の世代が重要となることを実感した。

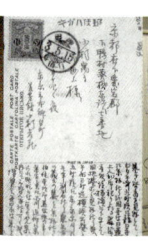

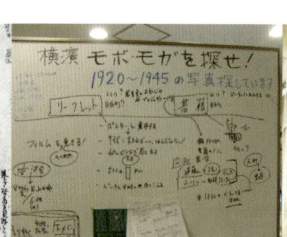

1月17日(火)
シルクセンターにあるシルク博物館を訪れる。学芸員の方にプロジェクトの説明をする。カフェフラワーに立ち寄りランチ。店主の荒井さんに元町のコンタクト先の情報をもらう。

1月28日(土)
以前に第一銀行で勤務されていていた松村里枝さんという品の良い初老の女性の方がBankART1929に立ち寄られた。「モボ・モガプロジェクト」の説明をすると、お父さんがおしゃれな方だったので、当時の写真をお持ちとのこと。有力情報！モボ・モガプロジェクトボードを気にとめて下さる方がいる。効果がでそうだ。

1月30日(月)
取材報告(渡邉・小川・遠藤)
横浜山手・テニス発祥記念館の館長の鳴海さんから日本におけるテニスの歴史を聞く。当時の絵はがき、文章付きを借りる。その後、ベーリック・ホール沼田さんに会う。山手の洋館の館長に声を掛けてくれるとのこと。

2月3日(金)
鈴木さん、岩崎さんで元町商店街を回る。有力情報は得られなかったが、多くの老舗にごあいさつが出来た。近沢レース店の近沢さんにコンタクト先を紹介してもらう。さすがに元町の方は取材慣れしていた印象。寒いなかの取材!ご苦労様でした。

2月6日(月)
18時30分より第三回スタッフミーティング。収集された写真のお披露目会。みんな真剣に見て喜ぶ。特に歴史的建造物に興味のある小川君は食い入るように写真を見て、場所の特定を資料と合わせてくれた。スキャンチームとリーフレットアイディア出しチームに分かれて作業をおこなう。リーフレットはアイディア出しまではいくが、ヤング荘が忙しいようで、進まない!

2月8日(水)
北村さんのご紹介で馬車道にある平安堂薬局(明治3年創業)の清水良夫さんに会い、アルバム2冊を借りる。初代横浜ペンクラブ会長「北村透馬」は清水さんの家系。「モボ・モガ」という名称の生みの親であることを知る。

2月9日(木)
18時30分より馬車道駅にて横浜高速鉄道の糸口さんの立ち会いのもと展示実験を行う。ポンジクロスに刷った布団大の写真を実際に吊るしてみて空調との兼ね合いみる。

2月4日(土)
午後から遠藤君と小川君がスキャニングをがんばってくれた。夜、野毛の村田屋にいって鰯を食べた。村田屋は戦前から営業しているとのこと。プロジェクト話に奥さんが、主人に聞いて下さるとのこと。そのあとバラ荘に立ち寄る。ママのモガ写真がありそうだと思いながらそのことは話さず、ただ飲んで帰る。

2月7日(火)
午後から、鈴木さんが元町エリアに取材に行く。その後、アポなしで飛び込んだ関内の洋食屋さん梅香亭をおとずれたところ、写真を貸して頂けることになった。またライターの佐々木真麻子が、お祖父様の写真を持ってきてくれた。軍服が多いが、モボの写真も数点あった。

2月10日(金)
「梅香亭」に写真を借りにうかがう。店主の棚橋さんから山下公園でピクニックしたこどもの頃や戦後の思い出話を聞く。

2月11日(土)
小川君がスキャンに来てくれる。解像度を高くしてのスキャニングのため、大変時間がかかる。助かる。

横濱モボ・モガを探せ！プロジェクトPart2
～愛おしきモボモガたち～
2006月3月1日～3月14日プロジェクトの集大成となる写真展を横浜みなとみらい線開通
2周年記念と合わせて、馬車道駅構内で開催。多くの方の目に触れる機会となった。
みなとみらい線 馬車道駅　設計:内藤廣建築設計事務所

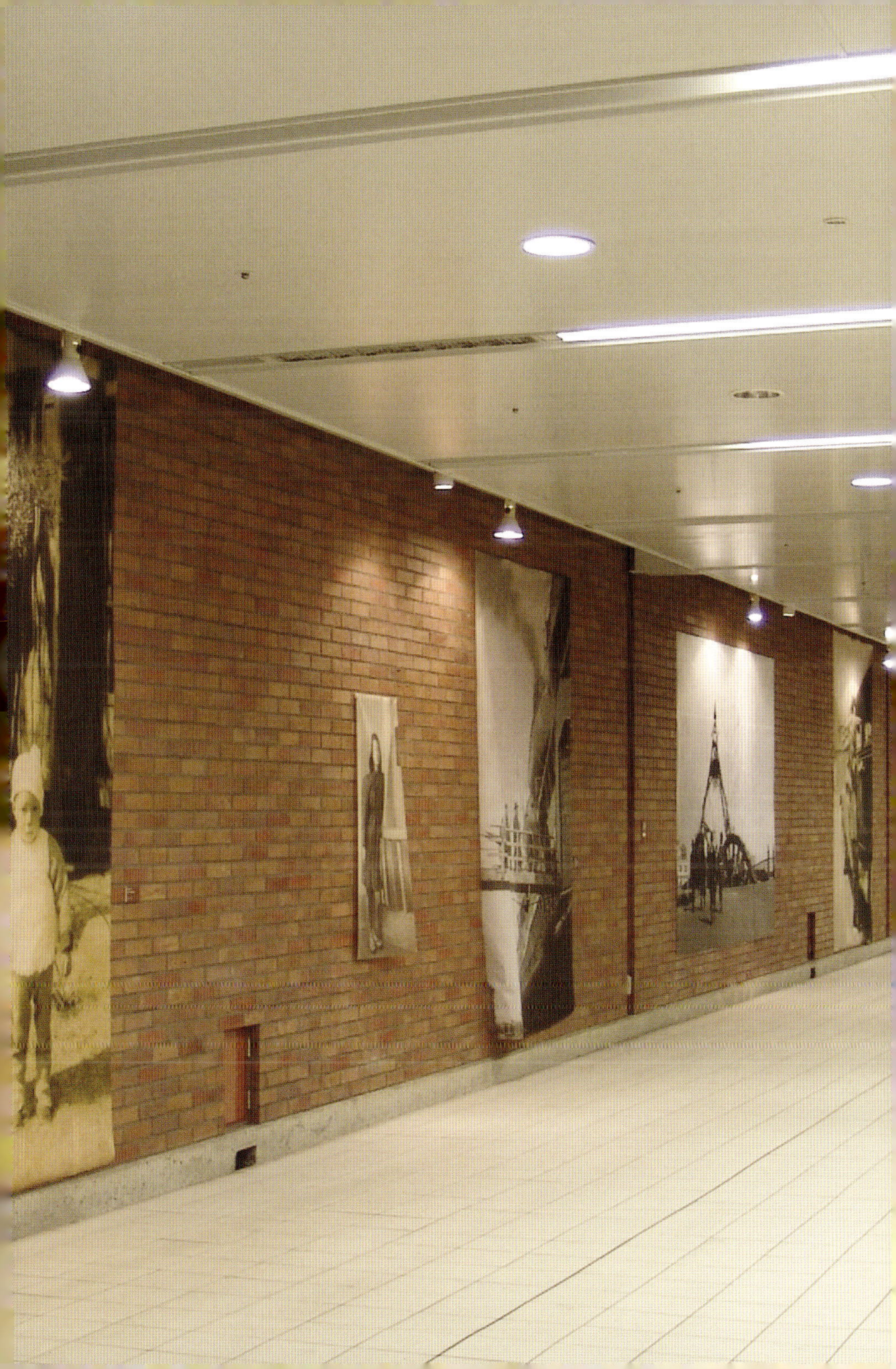

88

89

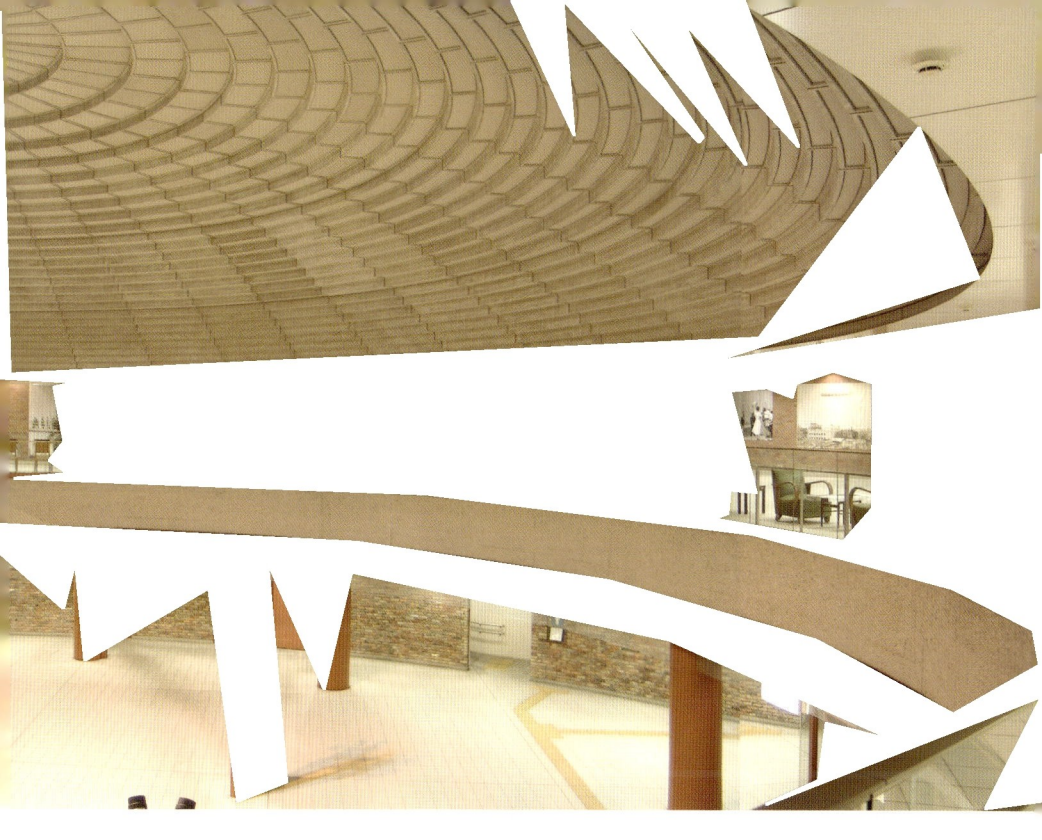

謹賀新年

この中に年男が二人います

YOK
HAM

横浜元

写真提供者

青木博子
荒井板金(荒井孝夫)
新井庸代
安藤榮
池田潤子
石川綾乃
石川 清
石山 朔
井波吉太郎
牛島達治
大谷卓雄
小川能正
小倉靖子
大佛次郎記念館
小澤亮一
加藤亮平
(近代建築アーカイブクラブトラックスジャパン)
柄澤詳浩
川口良一
川崎景章
菊秀刃物店(井上和夫)
北村京子
木村節子
小林ノゾミ
佐々木麻子
塩崎 琴
嶋田昌子
じゃのめや
助野桂子
鈴木ハマ子
須藤やよひ

高野つる
高橋光江
水松勝栄
中村 徹
野中さとみ
梅香亭(棚橋桂太郎)
萩原靜枝
萩原松枝
長谷川亀美夫
平戸健市
藤井義章
藤原治郎
文明堂(平川兼寛)
平安堂薬局(清水良夫)
前島阿以子
嶺 美代
松村里枝
三木雅子
三堀綾子
元町自治運営会
やきそば磯村屋
山本剛士
横浜桜木郵便局
横浜市
横浜ビル理容室(下館啓介)
横浜松坂屋
横浜山手・テニス発祥記念館
吉田美代子
米田光郷
渡辺ゆうか

開港5都市
モボ・モガを探せ!

　「開港5都市モボ・モガを探せ!」は、日本の開港5都市、函館・新潟・横浜・神戸・長崎で、1920年代から戦前まで数多くいたモダンボーイ、モダンガールを探す、写真収集のプロジェクトです。文明の窓口として発展を遂げてきた5都市の建物、街並み、風俗を『モボモガ』をキーワードに読み解き、現在の5都市を形成している人と街と出会い、新しいネットワークを築いていくプロジェクトです。

　私たちは、横浜でこのプロジェクトを行ってきましたが、開港150周年に向けて、新たに、他の4都市の方々と協働できればと考えています。開港5都市の有志で構成されたチームをつくり、近い将来、大きな巡回展や出版を行いたいと思います。このプロジェクトにご興味をもたれた方、是非ご一報ください。皆さんの参加をお待ちしております。

2007年　秋　　開港5都市モボ・モガを探せ!スタート
　　　　　　　プロジェクト作戦会議の開催
2008年　夏　　開港5都市モボ・モガを探せ! 巡回展開催
　　　　　　　函館・新潟・横浜・神戸・長崎
　　　　秋　　「開港5都市モボ・モガを探せ!」本出版
2009年　　　　海外の各姉妹都市へ

間世潜 1937年 従軍記者として出発する時

函館

はこだて記憶の街

　はこだて写真図書館ではこの5年、二人の写真家の足跡を追い求め調査研究活動を展開してきた。その名は熊谷孝太郎、間世潜。熊谷孝太郎(1893-1955)は函館が第一次世界大戦をはさみ急速な繁栄を謳歌する時代、大正初期から昭和初期にかけ、人口が5割も増加し北日本随一の経済基盤を背景に、都市化が急速に発展する時代、裕福な地主として青年期を送った。日本で最初にカメラが大衆化する時代とも遭遇し勇躍、小型暗箱を手に数千枚のガラス乾板を残した。鉄道馬車が市電に変わり、露頓北洋漁業の基地として人が集まり、造船も全国3位という景気に沸き、カフェ、劇場が栄え、ロシア革命後の亡命ロシア人が流入する国際都市としての貌も持つ函館の変容を生き生きと捉えた。間世潜(1940-1959)は早くに孤児となり、学歴も無いまま田本写真館で修行、写真師としての才を認められ北海タイムス(現在の北海道新聞)に引き抜かれた後、花形記者として知られるようになる。学歴も無いまま文化部長まで登りつめるという地位にありながら、戦後の混乱期に東京でフリーカメラマンとして再出発し『トラピスチヌ大修道院』という写真集を1954年に上梓し世間に知られた。

　二人のつながりは何も確認は出来ないが、出自も違う二人の写真家を存立させたのは間違いなく函館のモダニズムであることに違いはない。現存する原版のすべてを自由に扱える幸運に浴し、熊谷は昭和12年の日中戦争開始前まで、間世はそれからという残された乾板・ネガを精査しながら浮かび上がって来るのは、その都市の記憶だ。間世は「酒は涙かため息か」の高橋掬太郎とカフェで並び、熊谷は芸者と興じる、共にクラシック音楽を愛好し、益田喜頓、高瀬実乗が芸能で活躍し、林不忘が「丹下左膳」書き、映画化されたものを見に行く。今望むべくも無い地方文化の百花繚乱がこの地にあった。遺された写真は往時を蘇らせる。それを公開することによりこの企画に参画したい、熊谷孝太郎写真集『はこだて記憶の街』が出来上がったばかりだ。

　　　　　　　　津田 基(はこだて写真図書館)

新潟

開港後の新潟・アート

　新潟は安政5(1858)年の修好通商条約により、神奈川、函館、長崎、兵庫と並んで開港場のひとつに選ばれ明治元年に開港したが、港の整備等の遅れにより、実質的には10年後の1868年になってようやく外国船に開港し、貿易が開始された。写真はその当時の新潟市古町(新潟市で一番の繁華街)と旧新潟税関。

　そして、新潟市は日本海側で唯一の政令指定都市となり、人口も80万もの人々が暮らす都市へと変貌している。しかしながら、現在の新潟市は写真の趣とは異なり日本各地の都市が抱えている問題と同じ要素が散りばめられている。郊外型大型ショッピングセンターの進出、それによる駅前商店街の衰退化、また、人が多く行き交う通りに目を移すと、首都圏と同じ形や色の風景の乱立。いわゆるミニ東京化現象である。そして、そんな風景に満足し、欲望を消化しているのが、新潟に限らず日本の地方都市の現状ではないだろうか。特に、他の4港と比較すると新潟市は自分たちの住んでいる足場を相対化する視点が特に欠けていた気がする。自分たちの住んでいる町を見つめる視点。あるいは、町が成長していく時間を見守る視点とでも言うべきだろうか。地理的な視点で言うなら住んでいる環境を見渡せる視点(新潟市内を見渡せる山等がなかったこと)の欠如が、今の新潟市の町並み破壊の要因になっているとも言えるのである。

　むろん昔の記憶を呼び起こすことのみが町の活性化や人の誇りになるとは思えない。そうではなく、人と人との関係性を深くコミットし、相互に往来する地場の形成こそ強く求められるのである。少なくともアートとは、それぞれの間に位置しながら人が豊かになる導線を引くものであることを私は信じている。

丹治嘉彦(新潟大学教育学部教授)

神戸

神戸・水害と震災

　神戸も他の都市と同様、写真の財産を豊富に持っている。だから神戸の写真について語る際、いくらでも饒舌になれるはずだが、そうはいかない。12年になろうとするのに未だに消すことのできない、あの震災体験が、幾ばくかの影を落とすからだ。

　思い返せば、地震がこの都市にとって備えなき不意打ちになったのも、1つには神戸が水害の街であったからだ。六甲山系を伝う急峻な河川は、少しの雨量でも土石流や洪水を引き起こしていた。我国で砂防ダムなどの治水工事がこの山並みの東側、武庫川上流で始まったのも偶然ではない。明治以前の禿山を緑化する植林事業も、かっての繁華街、新開地が誕生したのも、すべて水との闘いゆえであった(規模や小さいがつい最近にも発生しており、問題は解消していない)掲載するのは、東京や横浜の厄災から15年経った、1938年(昭和13年)7月5日の阪神大水害の状況を伝えるものである。616人が犠牲になったこの災害は、谷崎潤一郎の『細雪』や妹尾河童の『少年H』にも活写されている。ちなみにこれらは写真を原板とした絵はがきである。現在では想像できないが、明治時代以来、災害の折に大量に発行されていたのである。

　無惨に崩壊した建物の姿は、原因は異なるが、震災時と非常によく似ている。これらの写真が、同じような家々の瓦礫を生じさせることになる60年ほど後の大地震の予知へとなぜつながらなかっ

た、などと今の時点で問い詰めてもしょうがない話だ。だが、災厄は都市の華やかさの享受中に突如襲来したのだし、再び来ないとは限らない。災害写真は一種の「メメント・モーリ」(死を忘れるな)なのである。

註:絵はがきについては、近刊の細馬宏通『絵はがきの時代』(青土社/2006年)が啓発的である。なお、神戸市神戸市行財政局のサイト、「神戸戦災と災害資料館」(http://www.city.kobe.jp/cityoffice/09/010/shiryokan/index.html)に掲載されている豊富な写真が参考になる。

森下明彦
(メディアアーティスト／神戸芸術工科大学教員)

1938年7月5日 阪神大水害絵葉書

長崎

大正・昭和初期の港町長崎

　明治時代が終わる頃(1912)になると長崎市は近代化の確立期を迎え、モダンな街が見えてくる。明治末期から大正期にかけて、ルネッサンス様式の壮麗な長崎県庁が完成し、続いて長崎市役所も近代的な建物に建て代わった。長崎駅の駅舎も独逸風の建物に新築され、大正4年(1915)11月16日には路面電車が開通した。

　日本の中で長崎港は東南アジアや中国に近いために、浦塩(ウラジオストック)—長崎、中国—桑港(サンフランシスコ)線、豪州(オーストラリア)線、大連—長崎線などの寄港地として、加奈陀太平洋鉄道(CPL)、パシフィックメール社(PML)、日本郵船、大阪商船、近海郵船などの客船で輻輳した。明治44年(1911)に雲仙岳が県営公園として整備されると、多くの香港、上海、大連の欧米人が、長崎市を経由して夏の温泉リゾートである雲仙の休暇を楽しんでいた。

　その後、大正12年2月11日、日華連絡線が開設され、長崎丸が就航した。続いて3月25日には上海丸就航すると、長崎と上海は26時間の高速客船で結ばれることになる。長崎市では、当時のことを「下駄を履いて上海へ」と言われている。その後、長崎駅からの長崎港までの臨海鉄道が開通し、長崎港(みなと)駅が開設されると、鉄道、航路、自動車交通が連携した交通の結節点が造られた。

　市街地の南部の旧外国人居留地と長崎市中心市街地の中間にある本籠町・舟大工町では、明治時代から外国人向けの土産物の商店が軒を並べていた。絹織物、銀細工、鼈甲細工、貝ボタン、磁器などお洒落な手工芸品が多く、長崎の市民も外国人と共にショッピングを楽しんだと言われている。

　大正・昭和初期の長崎は、明治時代からの繁栄が下降線をたどるとはいえ、神戸市以西では最大の都市であり、モダンな都市の賑わいが溢れた時代であった。

岡林隆敏(長崎大学工学部教授)

1935年8月28日 長崎駅

協力
ART LAB OVA、天野裕美子、荒井 淳(カフェ・フラワー)、安藤 廣、石川幾代、海老塚恵美子、大野慶人・悦子、親川久仁子(野毛通信社)、加藤優未子(サモワール)、北村圭一、国吉直行、小幡雅美・定子、小林晴夫、鈴野寛子、高橋紀子、宝田良一(合資会社寶田商店)、竹村朋子、近沢弘明(株式会社近沢レース店)、蔦木柾志、平石揖子(ノブ・デザインルーム)、福岡景子、前島潔、前田育子、森 清隆・万里子、森 日出夫、森田彩子(ギャラリー・パリ)、森野あやこ(A-Trian & HANA-YA)、山岸丈二、山下哲雄、伊勢佐木町1・2丁目地区商店街振興組合、協同組合伊勢佐木町商店街、大成建設株式会社、野毛飲食業協同組合、野毛地区街づくり会、馬車道商店街協同組合、財団法人横浜市緑の協会、横浜市市民活力推進局、横浜高速鉄道株式会社、横浜市開港150周年・創造都市事業本部、横浜市都市整備局

以上、紙面の都合により多くの方のお名前を割愛させていただきました。ご容赦ください。このほかにも写真の情報の提供や運営をささえてくれた人々、励ましてくれた人、パーティを盛り上げてくれた人、馬車道駅の駅員の方々など、様々な形のご協力のおかげでこの本は制作されました。どうもありがとうございました。

横濱モボ・モガを探せ!プロジェクトチームメンバー
井波吉太郎、井上多英子、岩崎美冴、遠藤 明、小川直樹、澤田知美、鈴木貴美子、鈴木悠生、墨屋宏明、武田郁子、富岡亜紀子、渡邉 曜

横濱モボ・モガを探せ!
2007年10月9日 第一刷発行

編集	BankART1929
デザイン	ヤング荘
発行	BankART1929 横浜市中区本町6-50-1 TEL: 045-663-2812 FAX:045-663-2813
印刷	株式会社フクイン
ISBN	4-902736-10-1 C0072 ¥1000E